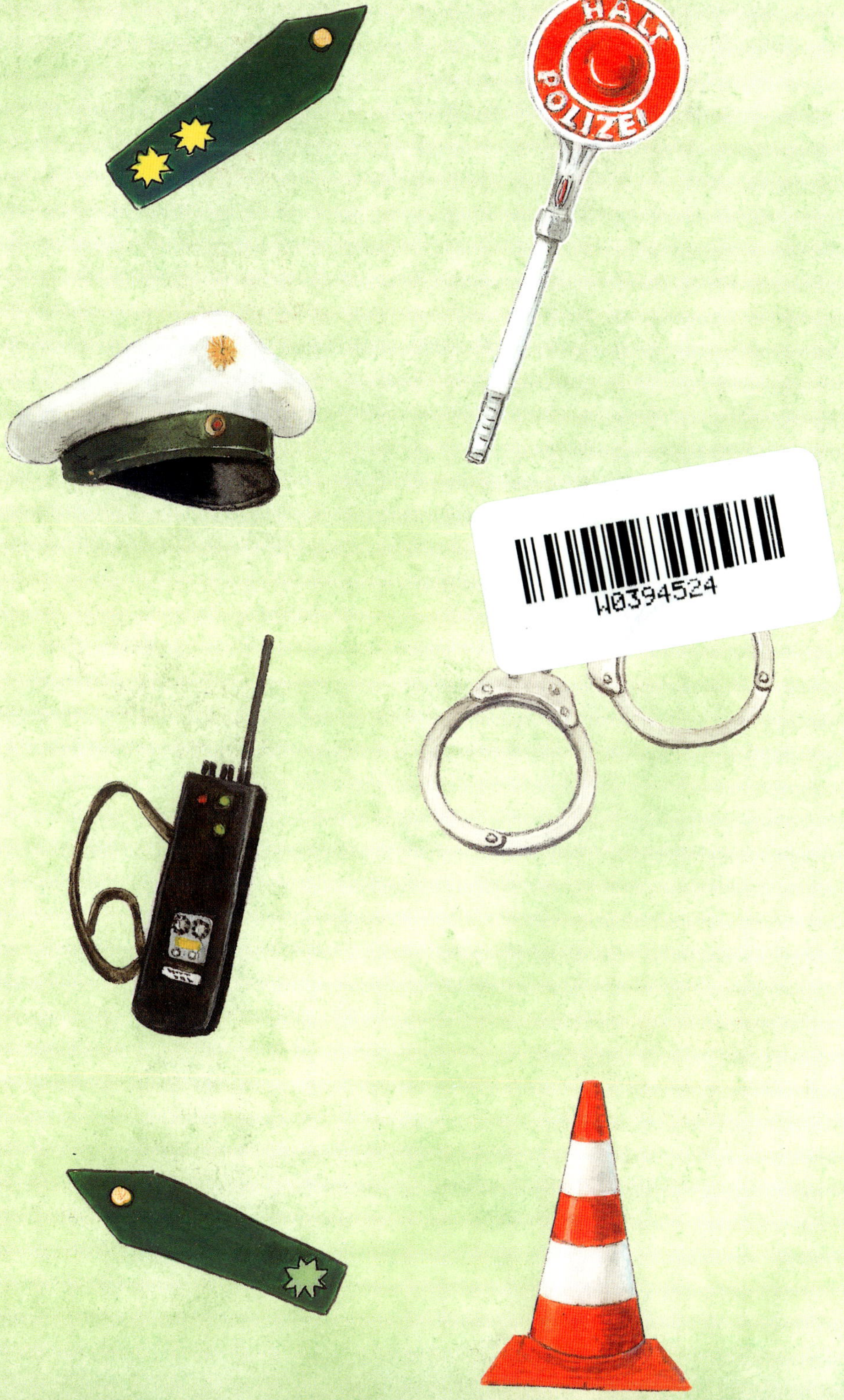

W0394524

Lydia Hauenschild

Leselöwen
Polizei-Wissen

Illustrationen von Udo Kruse-Schulz

Loewe

Bibliografische Information Der Deutschen Bibliothek
Die Deutsche Bibliothek verzeichnet diese Publikation in der Deutschen Nationalbibliografie; detaillierte bibliografische Daten sind im Internet über *http://dnb.ddb.de* abrufbar.

Der Umwelt zuliebe ist dieses Buch auf chlorfrei gebleichtem Papier gedruckt.

ISBN 3-7855-5573-3 – 1. Auflage 2005
© 2005 Loewe Verlag GmbH, Bindlach
Umschlagillustration: Udo Kruse-Schulz
Umschlaggestaltung: Andreas Henze
Gesamtherstellung: sachsendruck GmbH, Plauen
Printed in Germany

www.loewe-verlag.de

Inhalt

POLIZEI

Großeinsatz!

„Papa, wann sind wir endlich im Stadion?"

Moritz sitzt neben seinem Vater und guckt besorgt aus dem Busfenster. Es ist das erste Mal, dass er zu einem großen Fußballturnier mitdarf – und ausgerechnet jetzt stecken sie im Stau. Dabei spielt heute Deutschland gegen England!

„Keine Angst, die Polizei sorgt schon dafür, dass alle Fans rechtzeitig ankommen", antwortet Papa. Er deutet auf ein Polizei-Motorrad, das mit Blaulicht und Martinshorn am Bus vorbeifährt. „Bei solchen Veranstaltungen sind hunderte von Beamten im Einsatz, damit alles reibungslos läuft. Zähl mal, wie viele du siehst", schlägt Papa vor. „Dann vergeht die Zeit schneller."

Neugierig geht Moritz auf „Polizistenfang": An jeder Kreuzung, die sie überqueren, entdeckt er einen, der den

Verkehr regelt. Ein Streifenwagen mit zwei Mann Besatzung sperrt eine Seitenstraße ab. Und sogar ein Polizeihubschrauber kreist über der Stadt, um den Stau von oben zu überwachen.

„Wie viele sitzen da drin?“, fragt Moritz seinen Vater.

„Bestimmt zwei.“

„Dann sind es bis jetzt zwölf Polizisten“, sagt Moritz.

Doch als der Bus langsam am Bahnhof vorbeirollt, reißt Moritz Mund und Augen auf und vergisst weiterzuzählen – denn vor dem Gebäude wimmelt es nur so von Polizisten!

Allerdings tragen sie keine normalen Uniformen, sondern grüne Overalls, schwarze Stiefel und weiße Helme mit Visier.

„Was sind das denn für welche?“, fragt Moritz.

„Das sind Mannschaften des Bundesgrenzschutzes und der Bereitschafts-

polizei", erklärt Papa. „Sie unterstützen die Schutzpolizei bei Großeinsätzen. Vor allem wenn es Krawalle geben könnte."

„Krawalle?"

„Ich meine Streitigkeiten. Bei Fußballspielen prügeln sich die Fans manchmal schon, wenn sie anreisen. Darum wartet die Polizei jetzt am Bahnhof auf die englischen Anhänger und begleitet sie getrennt von den deutschen Fans ins Stadion."

Moritz guckt wieder hinaus. Entlang der Absperrgitter am Bahnhofsplatz stellen sich nun auch berittene Polizisten auf.

„Cool! Sind das große Pferde!“

„Stimmt“, sagt Papa. „Vom Sattel aus haben die Beamten einen guten Überblick über die Menschenmenge. Und schneller als Fußstreifen sind Pferde außerdem.“

Ein wenig abseits des Bahnhofes entdeckt Moritz weitere Streifenwagen. Ihre Kofferraumklappen sind geöffnet, und auf den Ladeflächen liegen Schäferhunde.

„Die Diensthunde warten hier mit ihren Führern. Sie werden nur eingesetzt, wenn es wirklich Ärger gibt“, erzählt Papa.

„Woher weißt du denn das alles?“, wundert sich Moritz.

Papa grinst. „Na, es ist doch nicht mein, sondern dein erstes Länderspiel!“

Endlich hält der Bus am Stadion. „Deutschland! Deutschland!“, grölen die Schlachtenbummler und schwenken schwarz-rot-goldene Fahnen.

„England! England!“, antworten einige Engländer aus der Ferne. Sehen kann Moritz sie nicht, denn sie stehen hinter Zäunen.

„Die Polizei leitet die englischen Fans zur Sicherheit über andere Eingänge ins Stadion als uns“, sagt Papa, während er dem Ordnungsdienst die Tickets zeigt.

Ins Stadion dürfen Moritz und Papa aber erst, nachdem sie noch auf gefährliche Gegenstände abgetastet worden sind.

Dann gehen sie zu ihren Plätzen in der Westkurve. Dort sitzen nur deutsche Fans – während auf der anderen Stadionseite ein Meer englischer Fahnen wogt.

Moritz schallt der Lärm der Sprechchöre in den Ohren. Die Zuschauer scheinen sich auf das Spiel zu freuen. Trotzdem ist Moritz froh, dass überall auf den Rängen Polizisten stehen, die das laute Treiben beobachten.

Als vor dem Spiel die Nationalhymnen erklingen, wird es für kurze Zeit ruhiger.

Und dann ertönt der Anpfiff! Wieder setzen die Sprechchöre ein. Moritz kann richtig spüren, wie die Stimmung steigt.

Immer wenn das Spiel besonders spannend wird, springen die Zuschauer von ihren Sitzen. Ein Glück, dass Moritz einen Platz am Gang hat und er sich auf die freie Treppe stellen kann. Sonst würde er kaum etwas sehen.

Moritz findet wie Papa, dass die deutsche Mannschaft besser spielt als die

englische. Doch bis zur Pause fällt kein Tor.

Eine Gruppe von Fans in Moritz' Nähe ärgert sich fürchterlich darüber. Die jungen Männer sind betrunken, und ihre Schlachtrufe klingen nicht mehr fröhlich.

Moritz beobachtet, wie ein Bereitschaftspolizist aufmerksam zu der Gruppe herüberschaut und etwas in sein Funkgerät spricht.

Dann beginnt die zweite Halbzeit.

„Foul!", brüllt es aus zigtausend Kehlen, als ein deutscher Spieler nach hartem Zweikampf am Boden liegt.

Die Betrunkenen vor Moritz toben und werfen mit Gegenständen. So wütende Kerle hat Moritz noch nie gesehen!

Da – jetzt zündet einer von ihnen eine Nebelkerze!

Dichter Rauch umhüllt Moritz, und er muss husten. Wie gut, dass Papa bei ihm ist!

Und plötzlich stehen noch andere schützend neben Moritz auf der Treppe: eine Gruppe Polizisten in schwarzen Lederjacken.

Durch den Rauch kann Moritz zuerst nicht genau sehen, was geschieht. Doch durch das Auftauchen der Polizisten scheinen sich die betrunkenen Männer wieder zu beruhigen.

„Ist ja schon gut“, brummt einer von ihnen und wirft den Polizisten einen verlegenen Blick zu.

Endlich kann Moritz das Spiel wieder genießen. Und es fallen sogar zwei Tore: eines für Deutschland und eines für England.

Schließlich pfeift der Schiedsrichter die

Begegnung ab, und alle Zuschauer verlassen friedlich das Stadion.

Nur der Betrunkene, der die Nebelkerze geworfen hat, wird von den Polizisten abgeführt. Aber das bemerkt außer Moritz kaum jemand. So unauffällig machen das die Beamten.

„Na, war das spannend, Moritz?“, fragt Papa, als sie wieder im Bus sitzen.

Moritz nickt strahlend. Doch er meint nicht nur das Spiel!

Verschiedene Bereiche der Polizei

Für die einzelnen Einsatzgebiete der Polizei gibt es verschiedene Polizeisparten. Dabei unterscheidet man zwei große Bereiche: die Schutzpolizei und die Kriminalpolizei.

Kriminalpolizisten klären besonders schwere Verbrechen auf, zum Beispiel Einbruch, Raub oder Mord. Sie arbeiten in Zivil, das heißt, sie tragen keine Uniformen. Um sich ausweisen zu können, haben sie Dienstmarken bei sich.

Schutzpolizisten erkennt man an ihrer Dienstkleidung. Sie fahren oft zu zweit im Streifenwagen durch die Orte. So sehen sie, ob alles in Ordnung ist, und sind auch schnell an einem Tatort, wenn sie über Funk gerufen werden.

Bei Großveranstaltungen verstärken Mannschaften der **Bereitschaftspolizei** die Schutzpolizei. Sie unterstützen außerdem Verkehrskontrollen, Durchsuchungsaktionen oder die Suche nach Vermissten.

Ein eigener Bereich ist die **Wasserschutzpolizei**. Sie überwacht auf Flüssen und großen Seen den Schiffsverkehr, die Fischerei und den Wassersport. Auch die Uferbereiche gehören zu ihrem Einsatzgebiet. Besonders häufig klärt sie Umweltdelikte auf.

Bei besonders gefährlichen Einsätzen werden Polizisten des **Spezialeinsatzkommandos** (SEK) oder des **Mobilen Einsatzkommandos** (MEK) angefordert. Sie sind zum Beispiel dafür ausgebildet, Geiseln zu befreien oder bewaffnete Schwerverbrecher aufzuspüren und festzunehmen.

Auch auf Bahnhöfen, Flughäfen und an den Grenzen zu Nachbarländern muss für Sicherheit gesorgt werden. Polizisten, die dort arbeiten, gehören zum **Bundesgrenzschutz** (BGS). Sie kontrollieren verdächtige Reisende und durchsuchen Gepäck nach Waffen oder Drogen.

Ein ganz besonderes Fahrrad

Schon früh am Morgen ist Elena mit ihrer Mutter auf dem Weg in die Stadt. In einem Fahrradgeschäft durfte sie sich gestern ein Mountainbike aussuchen. Es ist ein ganz besonderes Fahrrad, findet Elena: Denn es ist pinkfarben, mit lila Sattel!

Das wollen sie jetzt holen.

„Nanu, was ist denn da los?“, wundert sich Mama, als sie in die Straße einbiegen, in der sich das Fahrradgeschäft befindet. „Vor dem Laden liegen ja lauter Scherben. Die Scheibe der Eingangstür ist kaputt.“

„Da wurde eingebrochen!“, ruft Elena erschrocken.

Und tatsächlich – letzte Nacht wurde Elenas Mountainbike gestohlen.

„Zusammen mit den anderen Rädern, die hier standen“, erzählt der Fahrradhändler kurz darauf in seinem leeren Laden. Er weist auf einen Mann, der neben ihm steht und etwas in ein Notizbuch schreibt. „Die Kriminalpolizei nimmt gerade die Anzeige auf.“

Elena ist den Tränen nahe!

Doch vor dem Polizisten will sie nicht weinen.

Der Fahrradhändler reicht Elena eine kleine Karte. „Das Einzige, was die Diebe von deinem Rad zurückgelassen haben, ist dieser Pass. Die Nummer darin habe ich gestern noch am Fahrradrahmen eingraviert.“

„An dieser Codierung können wir dein Rad eindeutig erkennen, wenn wir es wiederfinden“, fügt der Kriminalbeamte hinzu.

Er wendet sich an den Fahrradhändler.

„Die Chancen stehen aber nicht sehr gut. Das ist jetzt schon der dritte Einbruch in ein Fahrradgeschäft unserer Stadt. Und bisher gibt es von den Dieben keine Spur.“

Traurig stopft Elena den wertlosen Pass in ihre Jeans.

„Am sichersten ist es wohl, ich lasse eine Alarmanlage einbauen“, überlegt der Fahrradhändler. „Kann ich die mit der Polizeiwache verbinden lassen?“

„Natürlich. Dann geht der Alarm in der Leitzentrale ein, und eine Streife fährt sofort hierher. So gewinnen wir wertvolle Zeit.“

Während Mama mit dem Händler klärt, wann ein neues pinkfarbenes Mountainbike geliefert wird, holt der Polizist einen Metallkoffer aus seinem Wagen.

„Mit der Ausrüstung darin kann ich zaubern“, versucht er, Elena ein wenig aufzuheitern. „Zum Beispiel

Fingerabdrücke von bösen Buben sichtbar machen."

Elena schaut zu, wie er mit einem feinen Pinsel an verschiedenen Stellen der Eingangstür ein schwarzes Pulver aufträgt. An manchen Punkten bleibt es hängen. Dort zieht es der Polizist mit Klebeband wieder ab und heftet es auf eine weiße Karte.

„Schade. Es sieht so aus, als gäbe es keine verwertbaren Spuren. Wie bei den beiden anderen Einbrüchen", sagt der Kriminalpolizist. „Aber das wird im Labor noch genauer untersucht. Dafür hat man dort Spezialapparate."

In diesem Augenblick kommt eine junge Frau in den Laden. Sie scheint auch Polizistin zu sein. „Die Befragung der Nachbarn hat nichts gebracht“, berichtet sie ihrem Kollegen. „Niemand hat etwas gesehen oder gehört.“

Die beiden machen noch einige Fotos vom Tatort.

„Tschüss“, rufen sie Elena nach, als sie mit Mama geht. „Und sei nicht mehr traurig. Vielleicht finden wir den Täter ja doch!“

Am Nachmittag läuft Elena mit ihrem Freund Jannik zur Sporthalle. Und jetzt ist sie wirklich nicht mehr traurig – sie ist sauer, weil sie noch immer zu Fuß gehen muss!

„Am liebsten würde ich selbst den Täter fangen“, sagt Elena, nachdem sie Jannik alles über den Einbruch erzählt hat. „Mein pinkfarbenes Mountainbike mit lila Sattel ist doch leicht zu erkennen. Es ist schließlich etwas ganz Besonderes!"

Jannik schüttelt den Kopf. „Stimmt gar nicht." Er zeigt hinüber auf die andere Straßenseite. „Der Mann dort lädt auch gerade so eines auf seinen Lastwagen."

Elena guckt verdutzt hinüber.

„Du, das ist meins!", flüstert sie plötzlich. „Schau, die ganze Garage von dem Kerl steht voller neuer Räder! Wir haben den Einbrecher!"

„Bist du sicher?", fragt Jannik.

„Klar! Bleib du hier! Ich laufe schnell zur Telefonzelle an der Ecke und rufe die Polizei!"

Hastig tippt Elena in der Telefonzelle die Notrufnummer 110 in die Tasten. Und gleich darauf schildert sie dem Beamten in der Einsatzzentrale ihre Beobachtung.

„Ich schicke sofort jemanden vorbei“, antwortet der wachhabende Polizist. „Unternimm nichts selbst, hörst du? Merk dir nur die Nummer des Lastwagens, falls der Mann wegfährt.“

Es dauert wirklich nicht lange, bis ein Streifenwagen in der Straße hält. Darin sitzen zwei Schutzpolizisten.

Jannik berichtet, dass der Mann den Lastwagen inzwischen beladen hat und nun in seinem Haus verschwunden ist.

Elena zieht ihren Fahrradpass aus der Jeans. „Und ich kann sogar beweisen, dass er der Täter ist. Wetten, dass die Nummer stimmt?"

„Wir schauen uns die Sache mal näher an", sagt einer der Polizisten. „Aber ihr bleibt bitte hier stehen. Vielleicht kommt der Mann nochmal zurück. Das könnte gefährlich werden."

„Och", murren Elena und Jannik. Doch dann sehen sie brav aus der Entfernung zu, wie der Beamte auf den Anhänger klettert und das pinkfarbene Fahrrad untersucht. Schmunzelnd gibt er Elena ein Zeichen – es ist wirklich ihres!

„Na, bitte", sagt Elena zufrieden zu Jannik. „Hab ich doch gewusst, dass mein Mountainbike etwas ganz Besonderes ist: Oder kennst du noch ein Rad, das Einbrecher fangen kann?"

In der Einsatzzentrale

Die **Notrufnummer** der Polizei lautet in Deutschland 110, in Österreich 133 und in der Schweiz 117. Man kann sie kostenlos aus jeder öffentlichen Telefonzelle anwählen und sogar mit leeren Prepaid-Karten in Handys. Auch orangefarbene SOS-**Notrufsäulen** in Städten verbinden einen automatisch mit der Polizei.

Alle Notrufe gehen in der **Einsatzzentrale** der Polizei ein. Von hier aus werden über Funk die Beamten in den Streifenwagen zu den Einsätzen geschickt. Bei größeren Unfällen werden auch Feuerwehr und Rettungsdienst benachrichtigt.

Bei einem Notfall benötigt die Polizei wichtige Informationen: **Wer** ruft an? Nenne deinen Namen und Vornamen deutlich. **Wo** wird Hilfe benötigt? Wenn du aus einer Telefonzelle anrufst, findest du den Standort der Zelle auf dem Gerät. **Was** ist passiert? **Wann** ist es passiert? Nur wenn alle Fragen beantwortet werden, kann die Polizei schnell helfen.

Jeder Anruf wird aufgenommen und einen Tag lang gespeichert. Anrufer, die sich nur einen Scherz erlauben wollen, können schnell ermittelt werden.

Das Einsatzleitpult ist mit verschiedenen Bildschirmen ausgestattet. Über sie werden die Einsätze bearbeitet und Informationen von anderen Dienststellen entgegengenommen.

In einigen großen Städten zeigen weitere Bildschirme den Beamten, was auf wichtigen Straßen und Plätzen geschieht.

Polizist Giselher

„Räumt auf, Kinder! Eure Frühstückspause ist vorbei!“ Die Klassenlehrerin klatscht in die Hände. „Ihr wisst ja, gleich kommt der Verkehrspolizist, der mit euch im Ort üben will.“

Da klopft es auch schon an die Tür.

„Guten Tag, mein Name ist Lehmann.“ Ein junger Polizist steckt fröhlich den Kopf ins Klassenzimmer.

„Und wie heißt ihr?“

„Anne!“ „Max!“ „Lena!“, rufen die Kinder durcheinander.

Nur Giselher sagt nichts, denn er mag seinen Namen nicht.

Giselher – so heißen doch höchstens uralte Opas!

„Na, wenigstens scheint der Polizist nett zu sein“, denkt Giselher und freut sich auf den Verkehrsunterricht.

Als Erstes führt Herr Lehmann die Klasse zur Bushaltestelle vor der Schule. Hier übt er mit den Kindern, wie man ohne Herumtoben und Drängeln wartet, bis ein Bus gehalten hat.

Alle haben dabei viel Spaß, weil der Polizist immer wieder Scherze macht.

Auch Giselher macht gerne Scherze: Ob er vielleicht Polizist werden könnte?!

So eine grün-weiße Mütze wie Herr Lehmann hätte Giselher auf jeden Fall gerne. Und auch so einen Gürtel mit verschiedenen Ledertaschen daran.

Die Tasche, in der die Dienstwaffe verborgen ist, erkennt Giselher natürlich an ihrer Form.

Doch aus seinem Buch über die Polizei weiß er auch, was in den anderen Taschen steckt: ein Funkgerät, um Kontakt zur Einsatzzentrale zu halten. Dann Handschellen. Eine Tasche ist für das Pfefferspray, mit dem sich der Polizist gegen angreifende Hunde oder Menschen verteidigen kann. Und in der Magazintasche befindet sich Munition für die Waffe.

Giselher wird abgelenkt, als zwei Jugendliche in irrsinnigem Tempo auf ihren Skateboards vorbeiflitzen – mitten auf der Straße!

„Halt!", ruft Herr Lehmann. „Kommt bitte auf den Gehweg! Die Straße ist für euch lebensgefährlich!"

Die Jugendlichen springen von den Brettern.

„Wenn Sie meinen“, maulen die beiden und rollen auf dem holprigen Bürgersteig davon.

Giselher sieht ihnen nach. „Die fahren hinter der nächsten Ecke doch wieder auf der Straße“, sagt er zu Herrn Lehmann.

„Glaubst du? Ja, leider kann die Polizei nicht überall sein. Aber ich hoffe, die Jungs sind trotzdem vernünftig.“

Der Polizist seufzt. Doch gleich darauf lächelt er wieder und läuft mit der Klasse zum einzigen Zebrastreifen im Ort.

„Na, Kollege“, wendet sich Herr Lehmann an Giselher, „hilfst du mir, zu erklären, wie man hier die Fahrbahn richtig überquert?“

Giselher nickt stolz. Kollege hat ihn der Polizist genannt!

Herr Lehmann stellt sich mit Giselher an den Straßenrand und bittet ihn, den rechten Arm weit nach vorne zu strecken.

„Dieses Handzeichen zeigt den Autofahrern, dass ihr über den Zebrastreifen gehen wollt“, sagt Herr Lehmann zu den anderen. „Dann wartet ihr, bis die Fahrzeuge auf beiden Seiten stehen.“

Giselher guckt nach links, nach rechts und dann noch einmal nach links: Es ist kein Auto zu sehen.

Doch gerade als Giselher seinen Fuß auf die Fahrbahn setzen will, quietschen Bremsen!

Giselher erschrickt fürchterlich und spürt, wie ihn der Polizist an der Schulter zurückzieht.

Und nun sieht auch Giselher, was geschehen ist: Ein roter Wagen war plötzlich aus einer Parklücke losgefahren, und der Fahrer hatte nicht auf Giselher geachtet.

Herr Lehmann guckt jetzt sehr ernst, als er den Mann in dem roten Wagen an den Straßenrand winkt.

Aufmerksam schaut Giselher zu, wie der Polizist Führerschein und Fahrzeugpapiere kontrolliert und einen Strafzettel ausstellt.

„Eigentlich müssten Sie auch noch Strafe wegen falschen Parkens zahlen“, sagt Herr Lehmann zu dem Mann. Er weist auf ein Verkehrsschild an der Stelle, wo der Mann losgefahren war. „Sie haben nämlich im absoluten Halteverbot gestanden.“

Alle Kinder lachen, als der Fahrer mit puterrotem Kopf weiterfährt.

Dann kehren sie mit dem Polizisten zur Schule zurück. Und bevor Herr Lehmann mit dem Streifenwagen wegfährt, schenkt er jedem Kind noch ein Stirnband mit Leuchtstreifen: „Damit ihr im Dunkeln auf der Straße besser zu sehen seid.“

Giselher gefällt das bunte Band so gut, dass er es am liebsten gleich nach der Schule auf dem Heimweg tragen würde.

Aber heute ist es brütend heiß.

Mit sehnsüchtigen Blicken guckt Giselher hinüber zur Eisdiele, die auf seinem Schulweg liegt. Und plötzlich traut er seinen Augen nicht: Vor dem Laden steht der Streifenwagen von Herrn Lehmann – direkt unter einem Halteverbotsschild!

Weit und breit ist kein Polizist zu sehen.

Schnell kramt Giselher Zettel und Stift aus seinem Ranzen und kritzelt: „Falsch geparkt. Strafe: Ein Eis. Polizist Giselher.“

Dann steckt er den Zettel hinter den Scheibenwischer des Streifenwagens und rennt davon.

Kaum ist Giselher zu Hause, klingelt es auch schon an der Tür.

Draußen steht Herr Lehmann mit einem Eis in der Hand.

„Ach, du bist es, Kollege“, sagt der Polizist fröhlich. „Ich möchte meine Strafe abliefern.“

„Aber ... aber wie haben Sie mich gefunden?“, stottert Giselher.

„Durch unseren Polizei-Computer“, erzählt Herr Lehmann. „An der Schrift auf dem Zettel habe ich gesehen, dass ihn ein Kind geschrieben hat. Und dann war es einfach. Du bist nämlich der einzige Junge im Ort, der Giselher heißt.“ Er reicht Giselher das Eis. „Der Computer wusste nur nicht deine Lieblingssorte. Ich hoffe, du magst Schokolade?“

„Und wie!“, ruft Giselher lachend.

Die Polizei im Straßenverkehr

Die **Ampelanlagen** größerer Städte werden durch Verkehrsleitcomputer der Stadtverwaltung geregelt. Doch in besonderen Situationen, wie z. B. Straßenumzügen, übernimmt die Polizei die Verkehrsregelung von Hand und schaltet die Ampeln für diese Zeit ab.

Um Unfälle zu verhüten, prüfen Polizisten immer wieder, ob die Vorschriften des Verkehrs eingehalten werden. Sie kontrollieren die Sicherheit von Fahrrädern, Mofas und anderen Fahrzeugen und testen, ob Fahrer Alkohol getrunken oder Drogen genommen haben.

Weil viele Unfälle durch zu schnelles Fahren geschehen, sind Geschwindigkeitskontrollen sehr wichtig. Sie werden zum Beispiel mit **Radargeräten** durchgeführt, die zu schnelle Autos fotografieren: Der Fahrer wird „geblitzt“. Er muss Strafe zahlen.

Nach schweren **Unfällen** versorgen Polizisten der Funkstreife zuerst die Verletzten und verständigen über ihre Leitstelle Rettungswagen oder auch die Feuerwehr. Die Unglücksstelle wird gesichert und untersucht, um den Unfallhergang festzustellen. Schließlich kümmert sich die Polizei darum, dass die Straße bald wieder geräumt wird.

Manchmal müssen Lastkraftwagen riesige Bauteile oder Maschinen transportieren. Diese **Sondertransporte** werden von Funkstreifenwagen der zuständigen Inspektion begleitet. Beamte legen bereits vorher die Strecke fest, damit der Transporter nicht in zu engen Kurven oder unter Brücken stecken bleibt.

Auf den Autobahnen, den größten Straßen des Landes, sorgt die **Autobahnpolizei** für die Einhaltung der Verkehrsregeln. Ihre Streifenwagen sind mit starken Motoren ausgerüstet, um auch die schnellsten Raser verfolgen zu können.

Rettung aus der Luft

Seit zwei Tagen ist die Klasse 3a im Landschulheim. Dort sind die Kinder heute mit ihren beiden Lehrern tief in den Wald hineingewandert.

„Warum nennt man so etwas eigentlich einen Ausflug?“, fragt Philipp seine Freunde Lea und Mirko am Nachmittag müde. „Wenn wir wirklich fliegen würden, hätte ich wenigstens nicht so lahme Beine.“

„Und es wäre spannender“, sagt Lea gähnend.

„Genau. Die Bäume hier sehen sowieso alle gleich aus.“ Mirko runzelt nachdenklich die Stirn. „Ist euch übrigens aufgefallen, dass wir auf dem Heimweg schon lange an keiner Wegmarkierung mehr vorbeigekommen sind?“

Philipp nickt. „Aber Herr Sperl und Frau Fischer wissen bestimmt, welchen Weg wir gehen müssen.“

„Und warum bleiben die beiden dann

immer öfter stehen und gucken sich so ratlos um?“, fragt Mirko. „Jetzt telefoniert Frau Fischer sogar auf ihrem Handy.“

Bald darauf halten die Lehrer mit der Klasse auf einer Lichtung.

„Ich muss euch etwas gestehen, Kinder.“ Herr Sperl kratzt sich verlegen am Kopf. „Wir sind irgendwo falsch abgebogen. Jetzt wissen Frau Fischer und ich nicht mehr, wo wir sind.“

Die Kinder starren ihre Lehrer mit offenen Mündern an.

„Keine Sorge, ihr kommt alle wieder nach Hause“, sagt Frau Fischer. „Allerdings wird es bald dunkel. Deshalb habe ich gerade die Polizei angerufen, damit sie uns hilft.“

„Die Polizei?“, fragen die Kinder aufgeregt zurück.

„Ja, sie wird uns suchen. Außerdem hat die Einsatzzentrale nun meine Handy-Nummer, um mit uns Kontakt zu halten.“

„Ich weiß, was die Polizei macht!“, ruft Markus eifrig. „Sie schicken Diensthunde los. Herr Gemmel, der neben uns wohnt, ist nämlich Polizeihundeführer und hat mir alles erklärt. Wenn jemand gesucht wird, lässt er seine Hündin Senta an einem Kleidungsstück des Vermissten schnuppern. Dann rennt Senta an einer langen Leine los und bellt, sobald sie die Fährte gefunden hat.“

„Bloß gut, dass im Landschulheim schön

stinkige Socken von mir herumliegen“, meint Ben. „Damit finden mich die Hunde sofort.“

Doch sosehr die Kinder ihre Ohren auch spitzen, sie hören kein Bellen – sondern nach einiger Zeit ein gewaltiges Knattern in der Luft!

Kurz darauf kreist ein Polizeihubschrauber über der Lichtung.

„Huhu, hier sind wir!“, rufen die Kinder hinauf und winken.

Da klingelt Frau Fischers Handy.

„Ja? Ach, sehr schön. Ja, danke“, sagt die Lehrerin in das Telefon und drückt auf die Aus-Taste.

Zweiundzwanzig Augenpaare gucken sie fragend an.

„Das war die Einsatzzentrale. Die Pilotin hat uns gesehen. Sie wird ein paar Streifenwagen zur Lichtung lotsen."

Herr Sperl atmet erleichtert auf. „Schön, dann kann es ja nicht mehr lange dauern, bis wir wieder im Heim sind."

Doch wer nicht kommt, sind die Streifenwagen.

Stattdessen wird es im Wald allmählich dämmerig.

„Mir ist kalt", klagt Jolanda. „Und Hunger hab ich auch."

Schließlich klingelt wieder Frau Fischers Handy.

„Ja? Ach, schade", sagt die Lehrerin in den Hörer. Mit einem Mal wird sie nervös. „Wie bitte?! Oh! Ja, in Ordnung!"

Die Jungen und Mädchen platzen fast vor Neugier.

„Also, die Streifenwagen schaffen es nicht", erzählt Frau Fischer, nachdem sie

das Gespräch beendet hat. „Das Gelände ist zu unwegsam. Jetzt holt uns der Hubschrauber ...“

„Was?“ „Das gibt’s doch nicht!“

„Mann, super!“, rufen die Kinder begeistert.

Nur Herr Sperl guckt plötzlich ganz merkwürdig. „Ähm, können wir nicht vielleicht doch laufen? Ich ... ich habe nämlich Flugangst.“

„Leider gibt es keine andere Lösung“, antwortet Frau Fischer. „Die Pilotin hat erst noch überlegt, uns an den Fluss zu lotsen, der nicht allzu weit von hier fließt. Dort hätte uns die Wasserschutzpolizei mit Booten abholen können. Aber dazu bleibt keine Zeit mehr. Es wird zu schnell dunkel.“

Schon hören die Kinder wieder das Knattern des Helikopters.

„Wir müssen unter die Bäume laufen, damit die Lichtung frei wird!“, ordnet Frau Fischer an.

Wie das dröhnt, als der Hubschrauber landet! Und wie der Wind des großen Rotors das Gras niederdrückt!

Rasch springt ein Polizist im grünen Fliegeroverall aus der Maschine und läuft gebückt zu den Kindern, um drei von ihnen zum Helikopter zu bringen.

„Meine Kollegin fliegt jetzt zu einer Wiese am Waldrand“, erklärt der Beamte, nachdem er zur restlichen Klasse zurückgelaufen ist. „Dort warten schon ein paar kleine Polizeibusse, die euch zum Heim bringen werden."

Sieben Mal muss die Pilotin landen, um alle Kinder zu holen.

Und beim achten Mal fliegt sie Frau Fischer, Herrn Sperl und den Polizisten zum Waldrand.

Gespannt gucken die Kinder zu, wie Herr Sperl aus dem Hubschrauber klettert.

„Der Ärmste sieht ja mächtig blass aus", sagt Lea zu Mirko und Philipp.

Mirko grinst. „Stimmt. Der Flug scheint ihm echt nicht gefallen zu haben."

„Schade", meint Philipp. „Und ich hatte schon gehofft, wir würden ab jetzt immer echte Ausflüge machen!"

Fahrzeuge der Polizei

Funkstreifenwagen der Schutzpolizei sind an ihrer Farbkombination Silber und Grün (in einigen Bundesländern auch Silber und Blau) deutlich zu erkennen. Zudem tragen sie an den Seiten den Schriftzug „Polizei". Im Kofferraum befinden sich viele nützliche Dinge, zum Beispiel Atemschutzmasken, Rettungsleinen, Klappspaten und sogar ein Besen, um nach einem Unfall Scherben beseitigen zu können.

Die schnellen und wendigen **Polizeimotorräder** verfügen wie die Streifenwagen über Funkgerät, Blaulicht und Martinshorn. Wenn wichtige Staatsgäste anreisen, bilden Motorradstaffeln eine Eskorte: Sie begleiten (eskortieren) das Fahrzeug des Ehrengastes und beschützen ihn.

Schutzpolizisten kontrollieren nicht nur mit dem Streifenwagen, ob in ihrem Revier alles in Ordnung ist. In Wohngebieten oder Parkanlagen gehen sie auch zu Fuß Streife – oder sie benutzen **Polizeifahrräder**.

Hubschrauber sind für die Polizeiarbeit unentbehrlich. Im Gegensatz zu anderen Flugzeugen können sie sehr langsam fliegen und sogar auf einer Stelle über dem Erdboden schweben. Ihre Piloten beobachten aus der Luft den Verkehr, suchen mit Wärmebildkameras nach Vermissten oder helfen der Wasserschutzpolizei, Ölteppiche zu sichten.

Die Wasserschutzpolizei benutzt für ihre Arbeit **Einsatzboote** und motorisierte **Schlauchboote**. Schnellboote mit starken Motoren ermöglichen die Verfolgung flüchtender Verdächtiger.

Gepanzerte Sonderwagen und **Wasserwerfer** werden zum Glück nur sehr selten benötigt. Doch wenn bei einer Demonstration Steine fliegen oder Blockaden errichtet werden, sind sie ein sicheres Mittel, um die Menge der Randalierer zu zerstreuen.

Tanjas Geständnis

„Also, das kann ich auch!“ Tanja besucht mit ihren Eltern die Kunstausstellung im Rathaus und zeigt auf eines der Gemälde. Auf der großen weißen Leinwand ist nur ein winziger roter Punkt zu sehen. „Was ist denn daran Besonderes? Meine Zeichnungen finde ich viel schöner.“

„Mag ja sein“, antwortet Papa. „Aber leider bist du noch keine berühmte Künstlerin.“

Mama nickt und studiert ein kleines Schild neben dem Gemälde. „Meine Güte, der Maler will zweitausend Euro dafür haben!“

„So viel?“, staunt Tanja – und hat eine Idee ...

Ganz heimlich steckt sie am nächsten Morgen ihr Bild mit den bunten Kreisen in den Ranzen, das auch Mama so gut gefällt. Denn nach der Schule will Tanja nicht gleich nach Hause, sondern noch einmal zum Rathaus.

Keiner der Erwachsenen auf den Gängen beachtet sie dort. Und der Saal, in dem die Gemälde ausgestellt sind, ist jetzt um die Mittagszeit sogar völlig leer. Gut so!

Rasch zieht Tanja ihr Bild und die Tube Kleber vom Bastelunterricht aus dem Ranzen und versucht, das Blatt an der Wand zu befestigen.

Aber so ein Mist! Das Bild will einfach nicht halten!

„Da bleibt nur ein Ausweg“, denkt Tanja.

Sie läuft zu dem großen Gemälde mit dem winzigen roten Punkt und klebt ihr Bild auf die freie Fläche ...

Als Mama am Tag darauf beim Frühstück in die Zeitung guckt, lacht sie.

„Hier steht: ‚Gemälde in Ausstellung mit Kinderzeichnung überklebt'", liest sie vor. „Da hat wohl jemand genau wie Tanja sein eigenes Werk schöner gefunden."

Doch plötzlich lacht Mama nicht mehr. „Meine Güte!" Sie zeigt Papa ein Foto in der Zeitung. „Das ist ja Tanjas Bild mit den bunten Kreisen!"

Mama und Papa gucken Tanja entsetzt an, und sie wird rot.

„Aber ich habe doch nichts gestohlen, sondern etwas dazugehängt", sagt Tanja. „Das ist ja nicht schlimm, oder?"

„Nicht schlimm?", ruft Papa. „Weißt du, was hier im Artikel steht? Die Polizei ermittelt wegen Sachbeschädigung. Um Hinweise von Personen, die etwas beobachtet haben, wird gebeten."

„Mich hat niemand gesehen", sagt Tanja leise.

Mama seufzt. „Trotzdem müssen wir zur

Polizei. Am besten jetzt gleich, noch vor der Schule.“ Sie guckt Papa an. „Erinnerst du dich, wie teuer das Gemälde war? Wenn wir das bezahlen müssen, können wir den Urlaub am Meer glatt vergessen.“

„Oh nein!“, denkt Tanja. Sie hat sich so auf die Ferien gefreut!

Bald darauf betritt Tanja mit ihren Eltern die Polizeidienststelle. Ihr Herz hämmert, als sie den Beamten hinter dem Tresen der Polizeiwache sieht. Aber noch hat der Polizist keine Zeit für sie, weil ein Mann mit ihm spricht.

Tanja setzt sich mit ihren Eltern auf eine Bank und hört zu, was der Mann erzählt: In der Nacht wurde der Lack an seinem Auto zerkratzt. Kein Wunder, dass der Mann so wütend ist!

Noch während der Beamte die Meldung aufnimmt, klingelt auf einem Tisch im Wachraum ein Telefon und ein zweiter Polizist hebt ab. Aus den Gesprächsfetzen erfährt Tanja, dass jemand einen Einbruch meldet.

„Ich schicke gleich einen Wagen zu Ihnen“, sagt der Polizist in den Hörer. Anschließend gibt er über ein Mikrofon seinen Kollegen, die Streife fahren, eine Adresse durch.

„Was kann ich für Sie tun?“, fragt der Polizist hinter dem Tresen Tanjas Eltern, als der Mann mit dem zerkratzten Auto geht.

„Ähm, ja, wir kommen wegen unserer Tochter“, beginnt Papa stockend. Und dann erzählt er, worum es geht.

Tanja merkt, wie peinlich Papa die ganze Sache ist.

„So, so, du warst das also." Der Polizist guckt Tanja ernst an. „Na, komm mal gleich mit."

„Werde ich denn jetzt verhaftet?", fragt Tanja erschrocken und kuschelt sich an Mama.

In ihrem Kopf spuken plötzlich Bilder herum, die sie im Fernsehen gesehen hat: Wie vom Verbrecher Fotos gemacht und seine Fingerabdrücke genommen werden. Und dann geht es ab in eine Zelle!

„Aber nein", antwortet der Polizist. „Ich bringe dich mit deinen Eltern nur zu dem Kollegen, der den Fall bearbeitet."

Das Büro des Beamten ist hell und freundlich, und auf seinem Schreibtisch liegt Tanjas Bild. In Plastikfolie gehüllt.

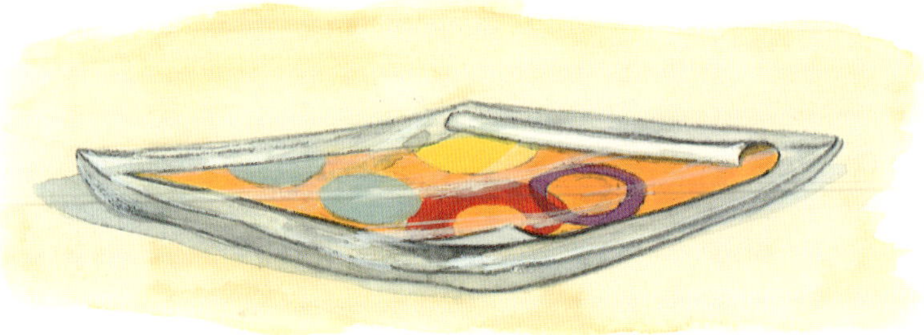

Diesmal gesteht Tanja ihre Tat selbst. „Es tut mir ja auch sehr Leid“, sagt sie schließlich. „Aber ich wollte das Bild gar nicht beschädigen. Der blöde Kleber hat nur nicht an der Wand gehalten.“

„Das haben wir uns schon gedacht“, sagt der Polizist und schmunzelt. „Wir haben die Spuren an der Wand gefunden. Aber du hast Glück, dass du so einen blöden Kleber hast.“

„Wieso?“, fragt Tanja mit ihren Eltern wie aus einem Mund.

„Weil der Klebstoff wasserlöslich ist. Er ließ sich von der Wand und dem Gemälde wieder entfernen. Das erfuhren wir erst, als die Meldung an die Zeitung schon herausgegeben war."

„Das heißt, es gibt keine Anzeige mehr?", vergewissert sich Mama erleichtert.

„Ohne Schaden keine Anzeige", bestätigt der Beamte. Er wendet sich an Tanja. „Doch du lass bitte in Zukunft deine Finger von Ausstellungen, junge Künstlerin. Das hätte auch ganz schön ins Auge gehen können!"

Auf der Polizeidienststelle

Die **Polizeidienststelle** ist das Gebäude, in dem Polizisten ihren Innendienst leisten. Man nennt es manchmal auch Revier – so wie den Stadtbereich, für den die Polizisten im Außendienst zuständig sind.

An einem Tresen im Eingangsbereich beantwortet ein Polizist Fragen von Rat Suchenden oder nimmt Anzeigen auf. Polizeiwachen sind meistens Tag und Nacht besetzt.

Im **Wachraum** hinter dem Tresen steht der Funktisch mit Mikrofon, Telefonen und Computerbildschirm. Auch hier nimmt ein wachhabender Polizist Meldungen entgegen und erteilt Auskünfte.

Weitere Polizisten bearbeiten in ihren Büros **Anzeigen**. Dazu sprechen sie mit Zeugen oder telefonieren mit anderen Dienststellen, wie zum Beispiel der Spurensicherung. Zum Alltag der Beamten gehört auch das Schreiben von Berichten über ihre Einsätze.

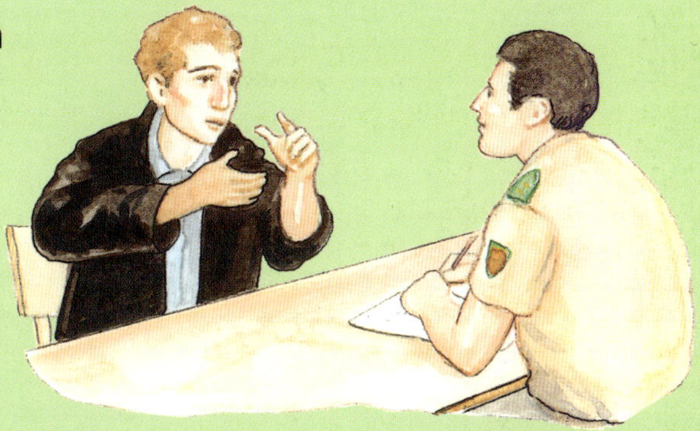

Sichergestellte Tatwerkzeuge, Beweismittel und Waffen werden in der **Asservatenkammer** aufbewahrt. Außerdem gibt es auf jeder Polizeidienststelle Vernehmungs- und Besprechungszimmer sowie Umkleideräume für die Beamten.

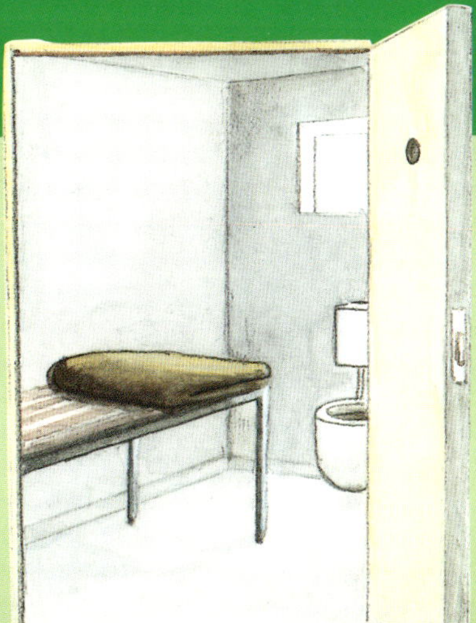

Fast alle Dienststellen haben auch **Zellen** für vorübergehend festgenommene Personen. Diese Zellen sind sehr einfach eingerichtet.

Lydia Hauenschild wurde 1957 im Bayerischen Wald geboren. Ihre Kindheit bestimmten vor allem zwei Dinge: die Tiere auf dem Bauernhof ihres Vaters – und jede Menge Lesefutter aus Büchereien. Nach dem Studium der Agrarwissenschaften in Göttingen kam sie 1985 durch die Geburt ihrer Kinder zum Schreiben: Weil es keinen Ratgeber für Zwillingseltern gab, entschloss sie sich kurzerhand, selbst einen zu verfassen. Seitdem denkt sie sich aber mit ebenso viel Spaß auch Geschichten für Kinder aus. Lydia Hauenschild lebt mit ihrer Familie in der Pfalz.

Udo Kruse-Schulz wurde 1960 geboren. Schon in der Schule stand für ihn fest, dass er Illustrator werden wollte. Nach dem Abitur studierte er in Hamburg aber erst einmal klassische Archäologie, bevor er seinen Traum, Grafik mit Schwerpunkt Illustration zu studieren, tatsächlich wahr machte. Udo Kruse-Schulz lebt mit seiner Frau und seinen fünf Katzen in der Nähe von Hamburg.

Leselöwen Wissen

Abenteuer- und Sachgeschichten

Leselöwen wissen mehr!

- *Wie schnell läuft das schnellste Pferd der Welt?*
- *Welche Erfolge erzielte Diego Maradona während seiner Karriere?*
- *Mit welchen Waffen wurde während der Ritterzeit gekämpft?*
- *Und warum gehören Delfine nicht zu den Fischen?*

Loewe

www.loewe-verlag.de

KRIMINAL
POLIZEI

HALT
POLIZEI